マイケル・ジャクソン
天国からのメッセージ

Michael
Is Here!

公開霊言

マイケル・イズ・ヒア!

RYUHO OKAWA
大川隆法

MICHAEL IS HERE!
マイケル・イズ・ヒア！

マイケル・ジャクソン 天国からのメッセージ

2010年7月15日　東京都・幸福の科学総合本部にて
「マイケル・ジャクソンの霊界探訪」と題して収録

　本書は、霊界に存在するマイケル・ジャクソンの霊を招霊し、その言葉を霊言として収録したものである。今回、霊人の発言は英語にて行われた。
　「霊言現象」とは、あの世の霊存在の言葉を語り降ろす現象のことをいう。これは高度な悟りを開いた者に特有のものであり、「霊媒現象」（トランス状態になって意識を失い、霊が一方的にしゃべる現象）とは異なる。
　なお、「霊言」は、あくまでも霊人の意見であり、幸福の科学グループとしての見解と矛盾する内容を含む場合がある点、付記しておきたい。

Preface

Hello! Hello! Hello! I'm Saint Michael "J".

Long long ago, I was made to create Fantasyland on Earth. That was a plan of God "EL".

Beyond this world, I still sing songs and dance.

To tell the truth, I just came back from The Moon, this morning. Moonwalk in the Moon was very fantastic.

According to my "moonwalk," the Moon itself laughed and sang "Thriller" and began to dance. In the near future, at the time of "Full moon," you can expect seeing Batman-Sign on the face of the Moon.

Lastly, because of my honesty, I'll prophesy that people who are scheduled to buy my message book, I mean "Michael Is Here!", are surely saved by Jesus Christ.

"Buy" and "Bye for now."

Automatically written by Michael Jackson through Ryuho Okawa

August 9, 2014
Master & CEO of Happy Science
Ryuho Okawa

はじめに

「やあ！ やあ！ やあ！ 俺だよ、聖マイケル『J』だ。

　昔々のその昔、僕は地球に不思議の国を造るために創られたんだ。それが『エル』の神の計画だったのさ。

　あちらに還（かえ）っても、まだいっぱい歌ったり、踊ったりしてるよ。

　本当のことを言うとさ、ちょうど今朝、月から戻ったばかりなんだ。月でのムーンウォークはイケてるぜ。

　俺のムーンウォークにつり込まれて、お月さんたら、ゲラゲラ笑い出して、『スリラー』を歌っちゃって、おまけに踊り出しちゃったんだ。たぶんもうすぐ、満月の時分に、月面にバットマンのサインが出ると思うんだけどな。

　最後に、俺は正直だから言っておくけど、この公開霊言『マイケル・イズ・ヒア！』を買うつもりの君たちは、イエス・キリストが罪をゆるして下さることに同意されているんだ。

　　　　『買いな』そしたら『僕もサヨナラのチューを贈るよ』」
　　　　　　　（大川隆法を通しての）マイケル・ジャクソンの自動書記より。

2014年8月9日
幸福の科学グループ創始者兼総裁（こうふくのかがくグループそうししゃけんそうさい）
大川隆法（おおかわりゅうほう）

CONTENTS

はじめに ………………………………………………… 2
　　　　　　　　　　　　　　　　Preface

1　マイケル・ジャクソンの霊言にチャレンジ ………… 7
　　　　　　　　　　　　Challenge to talk with Michael

2　スリラーの世界から、天上の世界へ！ ……………… 13
　　　　　　　　　　　Thriller, Moonwalk, and flying!

3　マイケルがいる世界は、どんなところ？ …………… 23
　　　　　　　　　　　　　Where is Michael now?

4　霊界で会った有名人たち ……………………………… 31
　　　　　　　　Michael's friendships in another world

5　ファンの思いは、マイケルに届いているの？ ……… 39
　　　　　　　　　　　Michael feels his fans' love!

6　なぜマイケルは早く逝ってしまったのか？ ………… 49
　　　　　　　　　　　　　Michael's destiny is...

7　世界はもっと平和になれる！ ………………………… 57
　　　　　　　　　　　　　Michael's forgiveness

8　スターになる秘訣 ---------- 65
　　Discipline! Practice! Perfect!

9　ダンス！　ダンス！　ダンス！ ---------- 75
　　Why don't you dance?

10　「音楽とダンスは僕のすべて」 ---------- 83
　　Dance is everything

11　過去世は○○○の神だった!? ---------- 89
　　Michael's past life

12　未来の音楽はどうなる？ ---------- 97
　　About music in the future

13　心を宇宙に解き放て！ ---------- 103
　　Be Free!

14　これから別の"マイケル"が出てくるかも ---------- 111
　　Will another "Michael" appear?

5

マイケル・ジャクソン　Michael Jackson（1958〜2009）
1958年、アメリカ・インディアナ州生まれ。幼少時より、兄弟で結成した「JACKSON 5」の一員として音楽活動を始める。ソロ転向後、社会現象になるほどの大ヒットを連発し、特に、1982年に発売したアルバム「Thriller」は、現在に至るまで世界史上最も売れたアルバムとなり、全世界で5100万枚を売り上げた。1985年にはアフリカ飢饉救済のため、「We Are The World」の作詞・作曲をライオネル・リッチーと行うなど、慈善活動にも精力的に取り組む。2009年、生涯最後の公演として「THIS IS IT」を予定していたが、リハーサル期間の6月25日に逝去した。

〔質問者〕
　南無原みろく（幸福の科学ヤング・ブッダ局副局長）※現在の青年局と学生局
　金子一之（幸福の科学メディア文化事業局部長）
　釈量子（幸福の科学理事 兼 ヤング・ブッダ局長）
　　　　　　　　　　　　　　　　［質問順。役職は収録時点のもの］

1

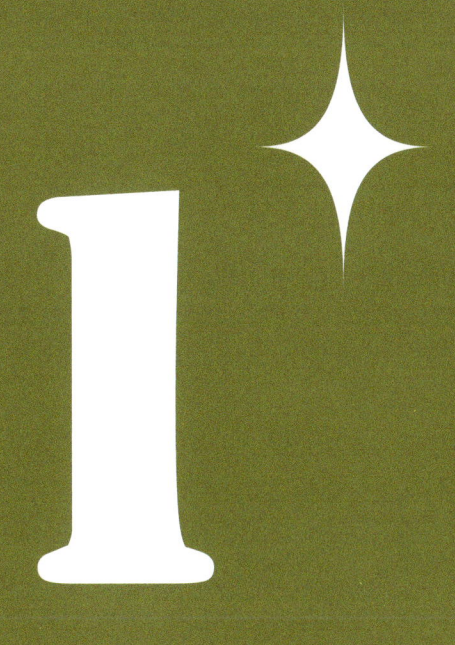

マイケル・ジャクソンの霊言にチャレンジ

Challenge to talk with Michael

　大川隆法　（笑）今日は、少し変わった試みです。

　講演会場等で「今後聴きたい話として、どんなものがありますか」というアンケートを取ったところ、「マイケル・ジャクソンの霊界探訪」というのがあり、「ああ、なるほどな」と思いました。

　以前、全然準備をしていなかったときに、質疑応答で「マイケル・ジャクソンは、死後、どうなりましたか」と訊かれたのですが、調べていなかったので、一瞬、戸惑ったことがあります（注。2010年1月27日、法話「エクソシスト入門」での質疑応答。その場で霊査をしたところ、芸術家系統の光の世界に還っていることが判明した。『エクソシスト入門』〔幸福の科学出版刊〕参照）。

　今は、死後1年ぐらい経った頃かと思いますが（収録時点）、確かに、

マイケルは世界的スーパースターなので、もし霊界で見たことや体験したことなどで何か語ってもらえることがあれば、かなりのアピール力というか、啓蒙度があるのではないかと思います。

　ただ、死後1年ですので、どの程度話ができるかは分かりません。日本語に変換できるかどうかも分かりません。万一うまくいかなかった場合は、会場から希望を募り、代わりにほかの誰かを呼んでみようかとは思っています。

　また、「歌ったり踊ったりしてほしい」と言われても、私にマイケルを入れた場合、"盆踊り"になってしまうかもしれず、さすがに信用を落とす可能性が高いかと思います。ただ、彼は言論人や思想家ではないので、言葉で表現ができるかどうかは分かりません。

　少々、言い訳がましいことを言いましたが、チャレンジなので、どのような感じになってもお許しください。もしかしたら、最初は英語でも、途中から言語中枢が同通すれば日本語でいけるかもしれないし、ダメかもしれないし、ギブアップだったら踊り出したりするかもしれないので（笑）、もう、どうなるかは分かりません。これは実験ですのでね。

　今、私は霊界の証明をしています。果たして、どのようになるのでしょうか。呼べるでしょうか、呼べないでしょうか。とにかく、やってみますね。

私は、生前のマイケルとは縁が全然ないし、彼についての知識も大して持っていません。ほとんど知識がなく、知らないことが多いので、十分に答えられないこともあるかもしれません。もし、よく理解できていない感じでしたら、質問者のほうで、補足説明等を何か加えていただければと思います。

　では、いってみますか。

　本邦初公開、マイケル・ジャクソンの霊言です。タイトルに「霊界探訪」と付けたので、この１年ぐらいで経験したことなどが聞けたら、聞いてみたいと思います。

　（胸の前で両腕を交差させ、瞑目する）

　世界的スーパースター、マイケル・ジャクソンの霊よ。

　世界的スーパースター、マイケル・ジャクソンの霊よ。

　願わくは、あなたの亡くなられたあとのご様子やご意見、また、世界の人々に対するメッセージ等がありましたら、お伝え願いたいと思います。

　マイケル・ジャクソン、マイケル・ジャクソンの霊よ。マイケル・ジャクソン

の霊よ。マイケル・ジャクソンの霊よ。

　（約75秒間の沈黙）

　…………体を左右に揺らしたり、椅子を左右に回したり、手をいろいろと動かしたりする…………

......No music?

スリラーの世界から、天上の世界へ！

Thriller, Moonwalk, and flying!

マイケル・ジャクソン（以降、🎩と表記）：No music?
　　　　（〔指揮をするようにリズムをとりながら〕音楽なし？）

南無原（以降、南と表記）：マイケル・ジャクソン……。

🎩　**Thriller?**
　　（スリラー？）

南　マイケル・ジャクソン様でいらっしゃいますか。

🎩　**Ah, yes.**※
　　（そうさ。）

南　はじめまして。

🎩　**Ha-ha.**

南　……踊っていらっしゃるんですね（笑）。

🎩　**ソウデスネ。**

南　本日は、キング・オブ・ポップと呼ばれ、地球を代表するスーパースターである……〔マイケル、会場へ投げキッス！〕《会場拍手喝采》、マイケル・ジャクソン様にお会いできて、心より感謝いたします。本当にありがと

※霊は、人の思いを読めるので、異言語であっても、相手の言いたいことが理解できることもある。

14

うございます。
私は、ハッピー・サイエンスという団体で、若い人たちと一緒に活動しております、南無原みろくと申します。本日はよろしくお願いいたします。

Uh huh, nice to meet you.
（うん、うん、よろしく。）

南　Nice to meet you too.
マイケル・ジャクソン様は、非常に高い世界に還られていると思うのですが、お話を伺うにあたり、今日は、ファンとして親しみを込めて、「マイケル」とお呼びしたいのですが、お許しいただけますか。

Ah, no problem.
（ああ、かまわないよ。）

南　ありがとうございます。私自身も子供の頃から、クラシックバレエやジャズダンス、タップなどを勉強させていただきまして、マイケルのダンスや歌はもちろんのこと……。

Oh, really?
（お、そうなの？）

南　（笑）総合演出力や、パフォーマンス力、チーム力、尽きない努力、冒険心……。

🎩　**Oh.**

南　巻き込み力。

🎩　**Oh!**《会場笑》

南　すべてが魅力であると思っています。その指一本……。

🎩　**Hmm...**〔人差し指をピッと立てる〕

南　足の動き一つで、もう登場しただけで、人々を熱狂させ、失神させ、感動させる力というのは、本当にスーパーパワーであると思っています。
　　また、インドの群舞や、ディズニーといった……。

🎩　**Ah, your story is very long.**
　　（あー、君の話はとても長ーい。）

南　長いですね。非常に、異質なものを組み合わせた……。

🎩　**Long, long, long, loooo...ong story!!**

(長い、長い、長い、話が長ーい‼〔立ち上がってくるくる回る〕《会場拍手喝采》)

南　OK. OK. お座りください。

M　**No music!**
　（音楽がない！）

南　（着席を促しながら）OK, please, please.

M　**Oh…**

南　「非常に斬新なパフォーマンスで人々を魅了された」ということと、「世界中の人々がマイケルを大好きです」ということを、まず、お伝えしたいと思います。

M　**I know, I know. Thank you.**
　（分かってる、分かってる。ありがとう。）

南　さっそく本題に入りたいと思います。
　世界規模で、いろいろな世代、いろいろな人種の人たちの心をつかんだマイケルにいちばんお訊きしたいのは、お亡くなりになって1年経ちましたが、「心臓が止まって天国に入るときの入口というのは、具体的にどういうものだったのか」ということです。

17

At the entrance, you mean?
　　　（入口ってこと？）

南　はい。

　　　"Thriller!" Oh oh oh~ ♪ oh!
　　　（"スリラー"だよ！ オウオウオウ♪ オウ！）

南　どうぞお座りください。OK, OK. Thank you.
　　魂が肉体から抜けたあと、天国に行くまでの間、何が見えましたか。

　　　Firstly! It's "Thriller," of course.
　　　And second! Like the Moonwalk.
　　　Next! Flying, flying in the air like a bird.
　　　Ah-ha.
　　　（まず！ "スリラー"だよ。もちろんね。
　　　次に！ ムーンウォークみたいな感じ。その次は、飛んだよ。空を飛んだんだ、鳥みたいにね。ハハ！）

南　では、魂が抜けたあと、すぐに飛んでいったのですか。

　　　No, no. Firstly, I said, it's "Thriller."
　　　（いやいや、違うよ。言ったでしょ、最初は、"スリラー"

さ。〔幽霊のポーズで南無原の背後に回る〕)《会場爆笑》

南　Thank you.
では、天国でいちばん最初に見たものは何ですか。

**Ah-ha. Do you mean Heaven? In Heaven?
No, at first, in Hell. Hell, and I flew to Heaven!**
(えっと、天国のこと？　天国で？
いや、最初は地獄さ。地獄、それから、天国へ飛んでいったんだ！)

南　つまり、魂が抜けたあと、最初は下に落ちていったということですか。

**Yeah... No, a little different.
I was suffering at that time because of a disease. So at first I didn't feel so well.**
(そう。……いや、ちょっと違うな。
僕は、あのとき、とっても苦しかったんだ、病気だったから。だから、はじめは気分が悪かったよ。)

通訳者（以降、訳と表記）：Do you mean you had a backache?
（腰が痛かったのですか。)

19

M Yeah, yeah.
（そうそう。）

南　どのくらいの間、下の暗い世界というか、そういう世界にいらしたのですか。

M Maybe one or two weeks.
（1週間か2週間かな。）

南　そのとき、ご自身が霊になっていることは……。

M Oh, of course! Of course!
（ああ、もちろん！　当然だよ！〔幽霊ポーズで南無原の背後に回り、肩、頭に手を置いた後、席に戻る〕）

南　もちろん「自分が霊として存在している」ということは分かっていらしたわけですね。そのあと、天国へ上がるきっかけが何かあったのでしょうか。心のなかで、何か発見があったのか、それとも、誰かが会いに来たのか……。

M Oh, it's the **love** from all the people of the world. My followers and my admirers, they love me very much, so their love made me very happy.

And it's some kind of balloon...like a balloon. It gave me the force to fly.

（ああ、それは、世界中の人々からの愛だよ。僕のファンたちは、僕をとても愛してくれている。だから、彼らの愛が僕をすごくハッピーにしたんだ。
それは風船のようなものだよ。風船のように、それが飛ぶ力になったんだ。）

南　　なるほど。

Their love made me very happy.

マイケルがいる世界は、どんなところ？

Where is Michael now?

南　以前の大川総裁のリーディングによると、「死後半年経った時点では、音楽や芸術家系統の神様の世界に入っていく道の途中にいて、もう8合目ぐらいにいる」ということでした。

ハチゴウメ……？ Ah, レーレレレー♪
Oh,〔通訳に向かって〕What?（何て？）

訳　I can't translate exactly, but you were almost at the top of Heaven like where Mozart and Picasso are.
（正確には訳せませんが、あなたは、モーツァルトやピカソがいるような、天国の上のほうに、もう少しで着くところにいたということです。）

Oh.

南　今現在は、どういう世界に？

Now? Now? I'm very hot. And…
（今？　今ね？　〔シャツに風を送る〕とっても暑くて、そして……。）

南　何か、目に見える風景とか、耳に聞こえてくる音楽とか、香りとかはありますか。

M **I need some music. A soundless world is Hell.**
（何か音楽が欲しいな。音のない世界は地獄だよ。）

訳 May I put music on?
（音楽をかけましょうか。）

M **If possible.**
（できれば。）

訳 OK.（会場スタッフに対して）音楽をかけていただけますか。

M **It'll make me happier.**
（そうしてもらえるとうれしい。）

南 今いらっしゃる世界では、いつも音楽が流れているんですか。

M **Yeah! Of course! It's a world of music.**
（そう！ もちろん！ そこは音楽の世界だよ。）

南 いろいろな音楽が流れているんですね。

M　Yeah, yeah.
（そうそう。）

南　今、マイケルの目には何が見えますか。

M　A goddess, of course.
（〔南無原を指して〕女神だよ、もちろん。）

南　霊界には、スタジオのようなものがあるんですか。

M　No, no, no.
（いやいやいや。）

南　ない？　では、マイケルは何をされているんですか。

M　I'm just flying every day. And hearing…
（僕は飛んでいるだけさ、毎日ね。そして、聴いて……。）

《会場にマイケルの曲が流れ始める》

M　Oh! …Hearing the music of the heavenly world.
I'm exploring a new world, and I want to get some ideas about my music and my

dancing. I'm always thinking.

（〔BGM に耳を澄ませて、満面の笑顔になる〕ああ！天国の音楽を聴いてるんだよ。
僕は、新しい世界を探検していて、僕の音楽とダンスについて、新しいアイデアが欲しいんだ。いつも考えているんだよ。）

南　周りに、芸術家のお友達などで、よく交流される方はいますか。

Hmm... Could you... please...?

（〔困ったように首をひねって〕うーん。〔通訳を〕お願いできる？）

訳　Do you have any friends that you're seeing right now, or some famous people that you met this year?
（今、あなたが会っているお友達には誰がいますか。あるいは、今年会った、有名な方はいますか。）

Friends?

（友達？）

訳　Is there someone around you?
（あなたの周りには誰かいますか？）

🎩 Around me?
（僕の周り？）

訳　Yes.
（そうです。）

🎩 There are a lot of angels, of course.
They sing songs every day. And they are brilliant people and... I mean they are splashing flashes... it's dazzling and marvelous...
Oh, it's a soundless world!

（もちろん、たくさんの天使がいるよ。
彼らは毎日、歌を歌っている。そして、光り輝いている人たちで、つまり、光を放っていて……眩しいし、素晴らしいんだ……。
〔BGMが小さいことに対して〕あー、音がない世界だ！）

訳　（会場スタッフに対して）もう少し、（BGMの）音量を大きくしてください。

🎩 Soundless world is Hell for me... yeah. Music is my world. And my soul is the existence...

　　　　（音のない世界は、僕にとっては地獄だよ。そう、音楽こそ僕の世界だ。僕の魂（たましい）は存在……。）

　　　《ＢＧＭが大きくなる》

Ｍ　Oh, nice. It's nice. My soul is transformed into some kind of music.
　　　（ああ、いいね。これはいい。僕の魂は、なんらかの音楽に変身するんだ。）

訳　魂が音楽に変化する？

Ｍ　Yeah, yeah. Music is myself.
　　　（そうそう。音楽は僕自身だ。）

南　では、霊界でのお姿は？

Ｍ　I'm...
　　　（僕は……。〔空中にト音記号を描く〕）

南　音符？

Ｍ　Yeah.
　　　（そう。）

南　ずっと音楽が流れている感じですか。

I'm music itself.

（僕は音楽そのものだよ。）

南　音楽そのものになっていると？

Yeah, yeah, yeah, yeah, yeah, yeah, yeah!
Yeah, yeah, yeah, yeah ♪

〔音楽にノッてきて、腰を振って踊りまくる〕

南　OK. なるほど（笑）。

霊界で会った有名人たち

Michael's friends in another world

南　〔マイケル、後ろ手を組み、質問者に背を向ける〕
　　マイケルが生前こよなく愛していたチャップリンには、お会いになりましたか。

Chaplin?
（チャップリン？）

南　チャップリンには会いましたか。

Once.
（一度だけ。〔人差し指を立てる〕）

南　どんなお話をされたのでしょうか？

オハナシ……。You mean, some talking?
（〔通訳に対し〕「会話をしたか」っていうこと？）

訳　（うなずく）

Just laughing. He laughed at me, and I also laughed at him. That's all! Ahahaha!
（ただ笑ってただけだよ。彼は僕のことを笑って、僕も彼を笑った。それだけ！　アハハハ！）

南　チャップリンは、マイケルと同じ世界にいるんですか。

それとも、違う世界にいるんですか。

Oh, a little different!
I'm an artist. He is not an artist. I'm an artist. He is an actor, but… a little different.

(ああ、ちょっと違うな！
僕は、アーティスト。彼は、アーティストじゃない。僕は、アーティスト。彼は役者だけど……、少し違うね。)

南　霊界には階層があるそうですが、住んでいる場所は同じくらいの高さですか。

I don't know exactly.
But I think, in some meaning, he might be a politician and a producer. He has some political thinking and… yeah, yeah, yeah.

(はっきりとは分からない。
けど僕が思うに、彼は、ある意味で、政治家でありプロデューサー〔映画などの制作者〕かもしれない。彼は政治的な考えを持っているよね。うんうんうん。)

南　天使の世界にはいらっしゃるということですね？

M Yeah, but in him, I just felt in him, there is some kind of feeling that is making him angry about this world. I felt criticism in him, but I have no criticism.

（うん。でも、彼のなかには、あくまで僕が感じているだけだけど、この世界に対する怒りの感情みたいなものがある。僕は彼のなかに批判的なものを感じたんだ。でも、僕には批判などないよ。）

南　だけど、チャップリンも、マイケルと会ったときは笑い合って……？

M Yeah.

（ああ。）

南　なるほど。
ほかに、例えば、エルヴィス・プレスリーやジョン・レノンには、お会いになりましたか。

M Oh! **John Lennon** was and is a great artist, but a little different. There is a difference between us.
He has some special feeling. It might be from the reason of his death.

（ああ！　ジョン・レノンは偉大なアーティストだったし、

今も偉大だ。けど、少し違うな。僕たちの間には違いがあるんだ。
　　　彼は、何か特別な感情を持っている。それは、彼の死に方からきているものかもしれないね。）

訳　　Have you met him?
　　　（彼には会いましたか。）

🎩　**Yeah, but he's suffering.**
　　　（うん。でも、彼は苦しんでいるよ。〔注1〕）

南　　今いる世界は少し違うということですね。

🎩　**He is attached to his wife, this world and some kind of political thinking.**
　　　（彼は、奥さんやこの世、そしてある種の政治的な考えにとらわれているんだ。）

南　　プレスリーはどうですか。

🎩　**Ah, Elvis?** Elvis. Yeah, I met him. I met him already.
　　　But hmm... he was a superstar and now, I

think he is still a superstar, but his music and his feeling about music and his...

(ああ、エルヴィスね？ エルヴィス。会ったよ。もう会った。
でも、うーん……。彼はスーパースターだったし、今もそうだと思う。ただ、彼の音楽と、音楽への気持ちは……。)

《ＢＧＭが違う曲に変わる》

Oh, nice music.
His conception and philosophy about music are a little different from mine. I like Heaven, but some of his music have tendencies to or some kind of vicinity to Hell, I think.

(おっ、いい曲だね。〔新しい曲に、表情を緩める〕彼の音楽についての着想や哲学は、僕とは少し違うんだ。僕は天国が好きだけど、彼の音楽のなかには、地獄的な傾向があったり、何か地獄に近いものもあると思う〔注2〕。)

nice music!

南　では、同じ音楽関係では、例えば、ベートーベンやモーツァルトは？

Beethoven?
(ベートーベン？)

南　ジャンルが少し違うのでしょうか。

Ahahahahaha! He's a god. I'm not a god. I'm just an angel. He's a god.
(アハハハハハハ！　彼は神だよ。僕は神じゃない。ただの天使さ。彼は神だ。)

南　分かりました。

(注1) あくまでも霊人の意見。なお、ギリシャの神・ゼウスは、霊言のなかで、ビートルズについて、「魂群的にはそうとう高いことは高い」と述べている。『神々が語る レムリアの真実』(幸福の科学出版刊) 参照。
(注2) 2012年、幸福実現党青年局長トクマ氏が東京都知事選に立候補した際の応援歌「ENDLESS LOVE FOR TOKYO」(「東京、わが愛」) の英語版の歌詞は、エルヴィス・プレスリーの霊示による。

Just laughing.

5

ファンの思いは、マイケルに届いているの？

Michael feels his fans' love!

南　少し質問を変えてみたいと思います。
　　亡くなってからこの1年間、何をされていたのでしょうか。ずっと、「音楽そのもの」になっていたのでしょうか。それとも、地上の人を指導したり、何か影響を与えたりされましたか。

**Oh, just I have been looking down upon this world from Heaven and over the clouds.
And, of course, I left a lot of people whom I loved so much, so I am very much concerned about them. So, I hope they can be happy, or I want to make them happier and want them to continue their happiness every day.**

（ああ、僕はただ、雲の上の天国から地上を見下ろしていただけさ。
もちろん、深く愛した人たちをたくさん残してきたから、とても心配しているよ。〔手を後ろに組み、左右に伸び上がりながら〕彼らには幸せになってほしいね。彼らをもっと幸せにしてあげたいし、彼らの幸せが毎日続いてほしいとも願っているよ。〔両手を広げて腰を回し、音楽に合わせて上下に振る〕）

南　地上のファンもマイケルが大好きで、この1年間、みな、マイケルのことを思っていたんですけど。

Thank you.
（ありがとう。）

南　そうしたファンの思いは届いたんですか。

Of course!
（〔胸に手を当てて〕もちろーん。）

南　それは、どのように感じられるんですか。

I love them all!
（みんな愛してるよ〜。）

南　何か温かくなるとか？

Yeah 〜♪
（そうだね〜♪）

南　「地上の人の思い」を感じると、光に包まれる感覚のようなものがあるのでしょうか。

Hmm, love is some kind of breeze.
A very warm breeze from the earth to Heaven.
（うーん、愛は、そよ風のようなものかな。地上から天

国に吹いてくる、とても暖かいそよ風だよ。〔風が下から上に吹き上げるように、両手を上に向って煽る〕）

M　Can you understand?
Yeah. **A breeze**, so I can fly with my wings like this.
（分かる？ そう、そよ風だよ。だから、僕はこうやって、翼を使って飛べるんだ。）

南　そうなんですね。
マイケルは生前、すごくオシャレで、ファッションのセンスも素晴らしかったですが。

M　Thank you so much.
（どうもありがとう。）

南　天国でも、人間の姿をとって、ファッションを楽しんだり、新しいものを取り入れたりされているんですか。

M　Oh, beautiful.
（〔著者のジャケットをめくり、胸元のブローチを眺めて〕おお、きれいだね。）

beautiful ♥

南　そういうキラキラしたものがとてもお似合

いでしたが、今もそういう格好(かっこう)をされるんですか。

M Beautiful ladies or goddesses like you help me, so I want a beautiful world, of course, beautiful music. I want to make amusement in this world. Uh huh. It's my aim.

（君のような美しい女性たちや女神たちが、僕を手伝ってくれる。僕は美しい世界を望んでいるよ、もちろん、美しい音楽も。この世界にアミューズメント〔楽しいこと〕をつくりたいんだ。それが僕の目標だ。）

訳　Your aim.
（あなたの目標ですね。）

M To make amusement and to produce amusement all over the world.
And now, my job is to give inspiration to the artists who are living on this earth.

（世界中にアミューズメントをつくることと、アミューズメントを生み出すことだ。
それと、今の僕の仕事は、地上で生きているアーティストたちに、インスピレーションを与えることだね。）

南　具体的には、どのアーティストにインスピレーションを与えていますか。

やはり音楽をされている方ですか。

Ah... I'm just thinking about the people who I've left on this earth — my relatives or my friends.

（うーん……、僕は今、地上に残してきた人たちのことを思っているんだ。親族たちや友人たちのことをね。）

南　もう少し、霊界のことをお訊きしたいと思います。
私たちは、霊界には次元構造があると教わっていますが、霊になって霊界を上昇していくとき、次元の変わり目には何かありましたか。扉やヴェールのようなものがあるのでしょうか。それとも何か変化が……。

Ah... could you...?

（えーと……〔通訳に対して〕訳してもらえる？）

訳　When you were going up to the top of Heaven, were there like thin layers or dimensions? What kind of world was there?

（あなたが天国の上の方へ昇っていったとき、薄い膜や次元のようなものはありましたか。そこには、どのような世界があったのですか。）

南　何か見えましたか。

M　Ah, ha, ha, ha ♪ Ah-ha.
I need a spring. You know?
（ア、ハ、ハ、ハ、ハ♪　バネが必要なんだ。分かるかな？）

訳　Yes.

M　Boing, boing. Yeah. At that time, I felt very happy.
And when I forgot about worries and just filled my heart with good will and love for the people all over the world, at that time, I got
a **springboard!**
（ビヨーン、ビヨーン。〔全身を使って、大きく2回飛び跳ねる〕そう、あのとき、僕はとても幸せな気分だった。
僕が心配事を忘れて、心のなかが、善意や世界中の人々への愛の気持ちでいっぱいになったとき、スプリングボードが出てきたんだ！）

南　バネが！　なるほど、それで上がったんですね。

Yeah! Yeah! Yeah! Yeah! Thanks!
〔ポーズをとったまま、横に飛んでいく〕

《会場笑》

南　あなたは、天国に還(かえ)ってから、ご自分の魂(たましい)の兄弟(注1)に会いましたか。魂の兄弟って、分かりますか。
〔マイケル、頭をくねくねと振り、「混乱」のしぐさ〕

訳　Do you notice your brothers of your soul? You have five other people in your soul.
（あなたは自分の魂の兄弟に気づきましたか。あなたの魂のなかには、ほかに5名の人がいます。）

Ummm… a little difficult.
Uh… Hmm? I am music. My body is music. My body is dance. I am art itself. I'm art. If you say art has siblings, it might be so. But I don't know exactly what my brothers and sisters are. But I'm art itself. Yeah.
（〔頭をコンコンと叩いて、ハテナ？ という顔〕うーん。

ちょっと難しいな。
ん〜、う〜ん？ 僕は、音楽そのものだ。僕の体は音楽なんだ。僕の体はダンスなんだ。僕は芸術そのものだ。もし、芸術に兄弟がいると言うのなら、そうかもしれないけど、「僕の兄弟姉妹は何か」っていうのはよく分からないな。でも、僕は芸術そのものなんだよ。うん。〕

南　分かりました。あっ、どうぞお水をお飲みください。

Thank you, thank you, thank you. ...Just water? (Laughs) OK, OK. No problem.
〔ありがとう、ありがとう、ありがとう。〔水を飲む〕水だけ？〔笑〕大丈夫、大丈夫、かまわないよ。〕

(注1) 人間の魂は、原則として、「本体が1名、分身が5名」の6人グループによって形成されており、これを「魂の兄弟」と言う。

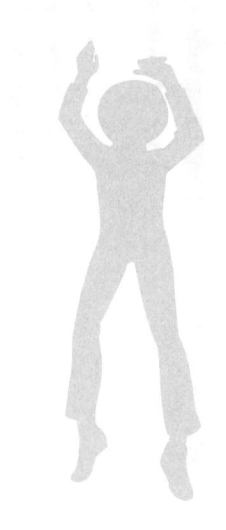

Boing!!!

6

なぜマイケルは早く逝ってしまったのか？

Michael's destiny is...

南　ファンがすごく気にしているのですが、「マイケルは殺されたのではないか」という疑惑があります。

Oh!

南　死の真相は分かりますか。波瀾万丈の人生を送られましたが、50年というのは、あまりに短いと思います。それは本来の計画だったのでしょうか。

Ah-ha?
〔通訳を指す〕

訳　Was the way you died your original plan? Some people think that you were murdered.
（あなたの亡くなり方は、本来の計画だったのですか。あなたは殺されたと思っている人もいます。）

Original plan?
（〔腰を振りながら〕本来の計画？）

訳　Yes.
（はい。）

Original plan is like this, yeah. That's all. No other plan.

(本来の計画がこういう感じさ、うん。〔ジャケットを脱ぎ、腰を振りながら踊る〕それだけ。ほかに計画はないよ。)

訳　That was the plan?
(それが計画だったと？)

Yeah, just singing. Just sing songs and dance and make entertainment. That was my life plan — that's all.

(うん、歌うことだけ。ただ歌を歌って、踊って、エンターテインメントをつくる。それが僕の人生計画だった。それがすべてだよ。)

訳　How about your death? Was the way you died the original plan? People think you were murdered.

(あなたの死についてはどうですか。死に方は、本来の計画ですか。みんなは殺されたのではないかと思っていますが。)

Oh, **people must die!** So must I. Ha-! You too. No one can escape death! I'm happy because I was still young when I died. I'm very happy.

（ああ、人は、必ず、死ぬ！　僕も、同じ。ハー！　あなたも、同じ。誰も死から逃れることなんてできない！　死んだとき、僕はまだ若かったから、よかったよ。とても幸運だ。〔ネクタイピンで、ネクタイの後ろを輪っか状にして留める〕）

南　生前は、素晴らしいエンターテインメントを展開されましたが、誰が霊界からマイケルを指導していたのでしょうか。

Might be St. Michael. …It's a joke. Sorry.
But my genre, how do I say, my music world is a new world of the 20th century. So, no one can instruct me. I'm a pioneer, one of the pioneers.

（もしかして、聖ミカエルかもしれないよ。……冗談だ。《会場笑》ごめんね。
ただ、僕のジャンルは、何と言えばいいかな、僕の音楽の世界は、20世紀の新しい世界なんだ。だから、誰も僕を指導することはできない。僕はパイオニアさ。先駆者の一人なんだよ。）

南　「クリエイティブ」というのは、ともすれば、自我や地獄的なものに通じてしまう可能性もあると思いますが、天国からの高次なインスピレーションを受ける方法はある

のでしょうか。

M Difficult, difficult, difficult... your turn!
（難しい、難しい、難しい……〔両手を振ってリズムを取り、通訳を指すポーズ〕君の番だ！）

訳 Uh...
（えーと……。）

南 マイケルの世界からインスピレーションを受けるためには、どうしたらいいですか。
〔マイケル、後ろに向かってステップ〕

M Just love me!
（ただ僕を愛して！）

南 素晴らしいですね。
マイケルは、ものすごいパワーで人を惹きつける魅力を持っていましたが、どうすれば人から愛される魅力的な人になれますか。

M **Be funny!** And have the desire to make people happier and happier.
It's some kind of destiny that belongs to human nature, each of them. They have a

destiny. My destiny is to make amusement.

（おもしろくあること、そして、人々を、もっともっと幸せにしたいっていう願いを持つのさ。
それは、一人ひとりの人間の性質に、もとから備（そな）わっている、ある種の宿命なんだ。人間には、宿命がある。僕の宿命は、アミューズメントをつくることなんだ。）

南　非常にカリスマ性やスーパーパワーがあり、「ムーンウォーク」などもされていますが、もしかしてマイケルは、宇宙人ですか。

Oh, of course. I came from the Moon. Yeah, yeah. I'm one of the space people.

（もちろん。月から来たよ。そうそう。僕は宇宙人の一人だ。）

南　どちらの星から？

Of course, the **Moon!**

（もちろん、月だよ！）

南　ずっと月にいたのでしょうか。

Yeah, yeah, yeah.

南　だから、ムーンウォークも編(あ)み出したんですか。

Yeah, yeah, yeah, yeah.
〔ムーンウォークのような動きで歩き回る〕

《会場拍手》

南　分かりました。どうぞ、おかけください。素晴らしいサービス精神でお答えくださり、ありがとうございます。

Be funny!

7

世界はもっと平和になれる！

Michael's forgiveness

南　マイケルが、いろいろな作品を通して訴えたかったことは、何ですか。

《会場から「マイケルー！」と掛け声がかかる》

Hi!〔会場に向かって笑顔で手を振る〕
What?
（〔南無原に向かって〕何？）

南　芸術を通して訴えたいことはありますか。

I want to meet a lot of people.
I just want to see the smiles of people, many people. That's my fun. I have gratitude for all the people who love me.

（たくさんの人に会いたいな。
僕はただ、たくさんの人たちの笑顔が見たい。それが僕の楽しみ。僕を愛してくれるすべての人に感謝しているんだ。）

南　地上で生きていたときに、マスコミがマイケルについて、いろいろなことを言っていましたが、マスコミに対して何か言いたいことや弁明はありますか。

No, no, no. I've given them my forgiveness. They are not guilty.

(いや、ない、ないよ。僕は彼らを許している。彼らには何の罪もない。)

南　私からは最後の質問です。マイケルは生前、"We are family"と世界平和を訴えたり、環境問題にすごく関心を持っていましたが、今、地球を見て、何か感じることはありますか。

If people love music and dance as an entertainment, this world might be more peaceful. Peoples who are thinking too much about political matter make this world more difficult and make this world confusing. **Just love music**.

(もし、人々がエンターテインメントとしての音楽とダンスを愛したら、この世界はもっと平和になるかもしれない。政治的なことを考えすぎる人は、この世界をいっそう厄介なものにするし、混乱させてしまう。ただ音楽を愛してほしい。)

南　ありがとうございます。世界中のファンにこのメッセージを伝えていきたいと思います。ここにいるメンバーも、みんなマイケルが大好きです。

I know you from long, long, long ago.
　　　（僕は、君をずっとずっと昔から知ってるよ。）

南　　光栄です。

　　　You are one of the goddesses of music.
　　　I know, I know.
　　　（君は、音楽の女神の一人だね。知ってるよ。）

南　　ありがとうございます。

　　　You should have been born in the United States of America, and you should have acted as my backup dancer and chorus lady.
　　　（君はアメリカに生まれるべきだったんだ。そして、僕のバックダンサーやバックコーラスとして活動すべきだったね。）

南　　（笑）ありがとうございます。光栄です。
　　　私たちハッピー・サイエンスは、これからもマイケルを愛して、マイケルの持っているような夢の力や希望の力というものをさらに学んで、それを広げていきたいです。

　　　You need more music.

（君たちにはもっと音楽が必要だ。）

南　たくさんの素晴らしい音楽を残してくださったことに感謝しています。本当にありがとうございます。

I've heard your music of Happy Science. It's very serious… too serious.

（君たち幸福の科学の音楽を聴いたことがあるけど、とってもまじめで、堅すぎるよね。）

南　多くの人を感化していくためには、もっといろいろな音楽をつくっていかなくてはいけないですね。

Yeah, yeah, especially for children.

（そうそう。特に子供向けのものをね。）

南　そうしていくために、必要な努力はありますか。

You need fantasy.
You are lacking fantasy, I think so.
You are too realistic. Realistic people.

（君たちには、ファンタジーが必要だ。
ファンタジーが足りないと思うな。
現実的すぎるんだよ。現実的な人たちだ。）

南　仕事をしていると、どうしても、非常に現実的になってしまう人が多いのですが、どうしたら変えていけますか。努力によって変えていけるのですか。

M　It will help you to make money, but it isn't an interesting world.
You can earn money from music, but it is not the aim, the last aim of music and dance. The main aim is **love**.
（現実的であることは、お金儲けをするにはいいけど、おもしろい世界ではないね。
音楽で、お金を稼ぐことはできるけど、それは目的ではない。音楽とダンスの最終目的ではないんだ。いちばん大事な目的は愛だよ。）

南　私たちも生まれ変わって、天国の音楽を……。

M　No, no, no, you have already made a destiny to meet me in Heaven.
（〔BGMに合わせて指を鳴らす〕いやいやいや、君はすでに、天国で僕と会うことを約束していたんだよ。）

南　（笑）またお会いできるように、私も多くの人を幸せにしていきます。

M　Yeah. Let's dance at that time.
（そうだね。そのときは、一緒に踊ろう。）

南　はい。私も踊りが大好きです。ぜひ、よろしくお願いいたします。ありがとうございました。

M　These people are not so funny, so I'm very unhappy.
（〔会場を指して〕ここの人たちはあまりおもしろくないから、僕はとてもアンハッピーだ。）

南　幸福の科学もこれからカルチャーを変えていきたいと思っています。

M　They are very serious and difficult people. Difficult and much too clever.
（彼らはとてもまじめで、気難しい人たちだね。気難しいし、利口すぎるんだ。）

南　なるほど。

M　They're thinking about earning money and calculating. Different kind of people.
（お金儲けや、お金の計算ばっかり考えている、違う種類の人たちだ。）

63

南　今日は、マイケルのハートが伝わってきました。

Really?
（本当？）

南　私たちのカルチャーを本当に変えていきたいと思いますので、これからも応援してください。

ハイ。Ah, yeah.

南　ありがとうございます。

ア、ア、ア、「アリガトウ」ネ。

南　「I love you」です♡

(Laughs)

南　Thank you.

Me too〜♪

南　それでは、質問者を交替させていただきます。

8

スターになる秘訣(ひけつ)

Discipline! Practice! Perfect!

🎩 **Oh, just a man.**
（なんだ、男性か。《会場爆笑》）

金子（以降、金と表記）：シリアスにならないように、やらせていただきます。Hello Michael!

🎩 **Funny, funny, it's very funny.**
（〔肩を落としてうつむく〕おもしろい、おもしろい。とってもおもしろいよ。）

金　私も、音楽がとても好きです。

🎩 **Oh, really?**
（本当に？）

金　あなたと一緒で、とても好きです。メディア文化事業局というところで仕事をしている、金子と申します。よろしくお願いいたします。

🎩 **カ、カ、カ、カネコサン、ネ。**

金　私たちは、テレビ番組やラジオ番組を制作しています。また、スター養成部という部署では、スターを輩出しようとしています。とてもあなたと似たようなお

仕事をさせていただいております。〔マイケル、首を左右に振る〕
質問がかぶるかもしれませんが、今、マイケルさんは、天上界で毎日どういう生活をされているのでしょうか。

Oh, singing～♪ And dancing～♪ And that's all～♪
（歌って～、踊って～、それだけ～♪）

金　生前はたくさんのオーディエンス（観客）を集めてコンサートをされていましたが、霊界でもたくさんの人の前で演奏されているのですか。

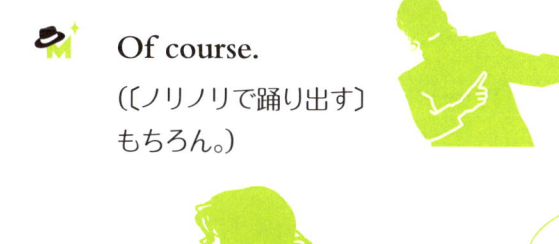

Of course.
（〔ノリノリで踊り出す〕
もちろん。）

《会場拍手喝采》

金　OK, OK. この1年間、音楽家や芸術家以外に、霊界で交流された人はいますか。

Of course, I met my relatives.
（もちろん、親族に会ったさ。）

金　そのほか、例えば、宗教家や科学者など……。

No 〜♪
（いいや〜♪）

金　違うお仕事の人とは交流されないんですか。

I don't like politicians.
（政治家は好きじゃないんだ。《会場爆笑》）

金　そうですか、分かりました。

〔激しく腰を振り、マイクを落とす〕**Oh! Oh!**

金　私たちはスター養成部から、ぜひスターを輩出していきたいと思っています。〔マイケル、腕を後ろに組んで、ぶらぶらと歩く〕もちろん天性も大切だと思うのですが、それ以外に、スターをつくる秘訣があれば、アドバ

イスをください。

Discipline!
（訓練だ！）

訳　Discipline?
　　（訓練ですか？）

Practice!
（練習だ！）

訳　Practice.
　　（練習ですね）

Perfect!
（熟達するんだ！）

金　「THIS IS IT（ディス イズ イット）」という映画も観ました。

THIS IS IT. Hmm.

金　妥協がなく、本当に完璧を求めていらして、プロフェッショナルとしてのお仕事に感動しました。プロとして生き残り、スターとして力を発揮していくためには、どのくらいの練習や努力が必要なのでしょうか。

Everyday! At least 8 hours a day!
（毎日さ！ 1日最低8時間だ！）

金　1日8時間以上ですね。

And think all day about music and dance!
（そして1日中、音楽とダンスのことを考えるんだ！）

金　最後に一つ、質問をさせていただきます。
マイケルさんは、音楽でたくさんの方々を魅了されましたが、音楽を超えた大きな仕事もされたと思います。例えば、「We Are The World」や「Heal The World」という歌を通して、社会問題とか地球の平和というものも訴えておられたのではないでしょうか。この音楽の持つ力は……。

《会場から「マイケル〜！」という掛け声がかかり、手を挙げて声援に応えると、拍手喝采が起こる》

金　本当に一瞬で多くの人たちの心をつかむ力があると思うのですが、この音楽の魅力とか……。

《会場から「マイケル！」という掛け声がかかる》

M Oh, dull, dull, dull, dull. Boring, boring, boring, boring! You should be funny! Please tell me interesting stories!
（あー、つまらない、つまらない、つまらない、つまらない。退屈、退屈、退屈、退屈だ！《会場大爆笑》もっとおもしろくしようよ！ おもしろい話をしてよ！）

M **Boring!**
（退屈だ〜！）

《会場から「マイケルー！」という掛け声がかかる》

M 〔声援に応えて〕**Hi!**

〔マイケル、膝に手をついて、金子の顔を覗き込む〕
金 では、質問者を替わらせていただきます。ありがとうございました。

《金子に替わり、釈が質問者席に着く》

M Oh! Beautiful lady!
（おー！ きれいな女性だ！）

釈　Hello, Michael.

Hi! Oh!〔新しい音楽がかかり、マイケルは新しいステップを踏みながら、釈に迫る〕

釈　（笑）I watched *Live in Bucharest*.
「ライブ・イン・ブカレスト」というライブＤＶＤを観たとき、マイケルは"神"だと思いました。マイケルのように……。

You're nice.
（君はいいね。）

釈　マイケルはエンジェルどころか、ゴッド、"神"だと思います。

God! This guy's a god!
（神！〔激しく腰を振りながら〕
この僕が神だって！）

釈　そこで、ぜひ、マイケルのようになりたい若い人たちに、あなたのようなカリスマ性、神のようなパワーを発揮するにはどうしたらいいか、教えていただけますか。

Ah... Ah... Just be serious.

（ああー……〔ダンスに陶酔しながら〕ああ……、真剣になることだね。)

釈　　真剣に。

Serious…
（本気に……。）

釈　　シリアス……。

…about entertainment. A-ha, ha, ha!
（エンターテインメントに対してね。アハハハ！〔大声で笑い出す〕）

釈　　Thank you.
　　　（〔笑〕ありがとうございます。）

Just be serious!

9

ダンス！ ダンス！ ダンス！

Why don't you dance?

釈　マイケルは、世界中の子供たちが好きで、病院を建てたりしていたと思うんですが……。

Yeah!
（ああ！）

釈　なぜ子供が好きだったんですか。

Hmm, because they have dreams. Yeah.
（んー、子供には夢があるからね。うん。）

釈　子供たちの純粋さ、ピュアネスが好きだったのではありませんか。

〜♪〜♪
Oh! Pureness!? Ah, yeah, yeah, yeah.
（〔ダンスに夢中で質問に気づいていない〕
〜♪〜♪　あっ！　純粋さ？　ああ、そうそうそう。）

釈　Pureness.
（純粋さ。）

Yeah, yeah, pureness, pureness.
（そうそう、純粋さ、純粋さ。）

釈　マイケルのようにピュアネスをキープするには、どうしたらいいのでしょうか。

Have the mind of a child.
〔子供の心を持つんだ。〕

釈　それをずっとこの世で維持するのは大変だったと思うのですが、どのように維持していたのですか。
〔マイケル、カメラ目線でダンスに集中〕

《会場から、「マイケル！」「マイケル！」と掛け声がかかる》

Hi! Huh? Huh? What? What's your question? What? What?
（〔声援に応えて〕ハーイ！
え、え、何？　質問は何だっけ？
何？　何？〔耳に手をかざす〕）

訳　She's going to ask you once again, so please have a seat.
（彼女がもう一度質問しますので、どうか、席にお座りください。）

🎩 **It's difficult for me. Eh... sit down?**
（つらいなあ。座れって？）

訳　Yes, yes.
　　（はい。）

🎩 **Like a baby? Ah.**
（赤ちゃんみたいに？　ああ。）

訳　Yes, I'm sorry. Yes, thank you.
　　（はい、すみません。そうです。ありがとうございます。）

釈　マイケルは次に地球に生まれ変わってくるときは、どんな仕事がしたいですか。

🎩 **Ah..., no idea!**
（んー、分からない！）

釈　No idea!?

🎩 **I just want to be reborn on the Moon! And I want to perfect my Moonwalk. More perfect! Ha! Ha! Ha! Ha!**
（月で生まれ変わりたいくらいかな！　そして、ムーンウォークを完璧に仕上げる。

もっと完璧にね！〔BGM に合わせて〕ハ！ ハ！ ハ！ ハー！〕

釈　（笑）マイケルは、「ゼロ・グラヴィティ」という、体を斜めに倒すダンスで特許を取りましたが、そうしたアイデアがひらめくのは、どんなときだったのでしょうか。〔マイケル、腕などを使って、ゼロ・グラヴィティの動きを一生懸命表現しようとする〕

Ah…
（ええと……〔通訳に視線を投げる〕）

訳　When was it that you got inspiration for "Zero Gravity," those miracle dances that you made?
（いつ、あなたがつくったあの「ゼロ・グラヴィティ」というミラクルダンスを思いついたのですか。）

Why don't you dance?
（〔会場を指して〕みんな踊ろうよ。）

《会場どよめき》

釈　Everybody stand up and dance with him!
（みんな立って一緒に踊ってください！）

《会場の聴衆、立ち上がる》

Any questions? Any questions?

(何か質問は？ 質問ある？)

《会場から掛け声がかかる「マイケルー！」》

《会場の拍手がやまない》

聴聞者A：(ステップを踏みながら、聴聞席から踊り出る) その軽やかな動きを手に入れるためには、どうしたらいいですか。私もそうやって軽やかに踊りたいです！

Just use your waist.

(腰を使うんだ。〔勢いよくリズムをつけて、腰を左右に振る〕)

A　腰？(マイケルをまねて、腰を振る)

And **be sexy!**

(〔握りこぶしをつくって情熱的に〕そして、セクシーに！)

《会場から掛け声がかかる「マイケルー！」》

Sexiness is a very important point of music!

（セクシーさは、音楽のすごく重要なポイントだからね！）

《会場から掛け声がかかる「マイケル、大好きです！」》

M　Hi!

《BGM が終わる》

M　Oh, oh, oh… it's finished.
（おっとっと……、終わっちゃった。）

聴衆者B：Michael, I love you!

《音楽が始まり、マイケルと会場はふたたび、リズムを取って踊り出す》

M　Ah, thank you very much.
（どうもありがとう。）

B　マイケル、会場にいるみなさんを見て、どう変わったらいいと思いますか。

M　Oh, they are very clever people. So, they should be my fans. That's all! No other jobs for them.

（ああ、とても賢い人たちだ。〔頭の横で人差し指を高速で振る〕だから、僕のファンになるべきだね。それがすべてだ！　ほかに仕事は要らないよ。〔カメラに向かって踊り続ける〕）

B　　ありがとうございます。

10

「音楽とダンスは僕のすべて」

Dance is everything

聴聞者Ｃ： Hi Michael. Thank you so much for coming here.
（ハイ、マイケル。ここに来てくれて、ありがとうございます。）

Hi！〔はしゃぐように踊り続ける〕

C　　Happy Science is trying to spread spirituality. We're trying to spread faith in El Cantare to the entire world.
Can you give us advice on how we can do that, and how to convince people that there is a spiritual world and that El Cantare is here?
（幸福の科学は霊性を広めようとしています。私たちは世界中にエル・カンターレ信仰を広めようとしています。どうしたらそれができるか、また、「霊界があり、エル・カンターレが下生されている」ということを、どのように人々に説得していけばいいか、アドバイスをいただけますか。）

Uh huh. Just make good music, good dance, and give your attention to children. Please make children happier.
（いい音楽やいいダンスをつくればいいんだよ。それから、子供たちを気にかけてやってね。子供たちをもっと

幸せにしてあげてほしいんだ。)

南　それではそろそろ、座っていただけますか。

Oh, it's difficult for me to sit down.
(座るのはつらいよ。〔ビートを刻み続ける〕)

釈　映画「THIS IS IT(ディス イズ イット)」のなかで、バックダンサーたちがマイケルのダンスを見て、「自分のダンスはダンスじゃなかった」と言っていました。

Oh, really?
(本当?)

釈　マイケルにとって、一言でダンスとは何ですか。

Everything!
(すべてさ!)

釈　Everything?
(すべて?)
〔マイケル、手足を前に伸ばして宙(ちゅう)に浮かせながら、椅子をまわす〕

Yes. Everything. Everything!

(そう、すべて。すべてだ！)

釈　「Everything」とはどういうことでしょうか。

M　**Dance is everything, my life, my soul!**
　（ダンスが、すべて、僕の人生、僕の魂だ！）

釈　……。

M　**Hahahaha! ゼンモンドー**（禅問答）**アルネ！**
　《会場爆笑》

釈　では、マイケルにとってミュージックとは？

M　**It's everything. Hahahaha!**
　（すべてだ。〔釈の顔を覗き込んで〕ハハハハ！）

釈　マイケルのようになりたくてもなれない人たちが山ほどいますが、なぜでしょうか。

M　**That's the reason I'm the leader of pop.**
　（だから、僕はポップスのリーダーなんだよ。）

釈　どのくらい……。
　〔マイケル、右手で釈を制し、椅子に深く腰掛ける〕

Ah, just seek for popularity. Yeah, popularity. Just think every day about popularity. Popularity means service for everyone.

　　（人気を探究することだね。そう、人気だ。毎日、人気について考えること。人気というのは、みんなへのサービスなんだよ。〔優しく微笑む〕）

釈　そのサービスをする人たちが、自らの愛をもっと大きくしていくには、どうしたらいいのでしょうか。

　　　Hmm.

釈　どうしてそんなに人を許せるのでしょうか。

　　　Ah, you need... better music, better song and better dance. And step by step, every day, please aim toward God.
Step by step. Day by day. Practice! practice, practice, practice, practice.

　　（君たちには……もっといい音楽といい歌といいダンスが必要だよ。そして、毎日、一歩ずつ、神を目指していってほしいな。
　　一歩ずつだよ。毎日毎日、練習するんだ。練習、練習、練習だ。）

Step by step.

Day by day.

11

過去世は○○○の神だった!?

Michael's past life

釈　マイケルは、遠い昔にも、何か、音楽をするために地上に生まれた記憶はありますか。

Yes!
（ああ！）

釈　それは、どんな時代ですか。

Umm… Greece, maybe.
（ええと、ギリシャだね、たぶん。）

訳　ギリシャ。

Greece, Greece, Greece, Greece.
（ギリシャ、ギリシャ、ギリシャ、ギリシャ。）

釈　古代ギリシャよりもっと古い、ヘルメス（注1）と同じ時代ですか。それともアポロン（注2）とか。

Umm, how do you say? Ba, Bacchus? Ah, yeah…
（うーん、何て言うのかな？
バ、バッカス？〔注3〕あー、ええと。）

釈　バッカス！

Yeah, the god of wine! (Laughs) I think so. God of wine. God whose work is only drinking wine. That is my former job, I think.

(うん、ワインの神だ！〔笑〕そうだと思うよ。ワインの神。ワインを飲むだけが仕事の神だ。〔グラスを傾けるしぐさ〕それが過去世の仕事だと思う。)

釈　ワイン好きの王様……。そのときは、音楽を？

訳　That is your former job? Were you born as the king of wine?

(それがあなたの前回の仕事ですか。あなたはワインの王として生まれていたのですか。)

Oh, no, a little different…You don't know. I'm not Hermes.
(Laughs) I am the god of wine, I mean, god who appears when the people are singing songs.

(ああ、違う。ちょっと違うんだ……。
君は知らないようだ。僕は
ヘルメスではないんだよ。
〔笑〕僕はワインの神だ。つまり、

みんなが歌を歌っているときに現れる神なんだ。)

釈　その神の名前が……。

Bacchus.

(バッカス。)

釈　それよりもっと昔は？

Umm... I have a friend, umm... Diana?
(ええと……友達がいるよ。ダイアナかな？)

釈　月の女神のダイアナ（注4）？

Yeah, yeah, yeah, yeah. Goddess Diana.
(そうそうそう。〔肯定しながらリズムをとって手を叩く〕女神ダイアナだ。)

釈　どういう関係だったのでしょうか。

I'm her brother.
(彼女の兄弟だよ。)

釈　そのときの名前は憶えていますか。

M　My name? Oh… umm… I don't know exactly. Maybe, "Before Michael." (Laughs) "Father Michael" or "Ancestor Michael" or "Origin of Michael," or "Starting Point of Michael."

（僕の名前？　おう、えーと、正確には分からないな。"前マイケル"かな。〔笑〕《会場笑》"父マイケル"とか、"先祖マイケル"、"マイケルの起源"、"マイケルの原点"だったりして。《会場笑》）

釈　天国の音楽というのは、どんな感じでしょうか。神の世界からのブリーズ（そよ風）のように流れてくるのでしょうか。

M　Hmm… Ah, a little difficult to understand.

（うーん、ちょっと分かりにくいな。〔通訳を指す〕）

訳　She's asking where the music comes from.
（彼女は、「音楽はどこからくるのか」と訊いています。）

M　Oh, we have an orchestra.

（ああ、僕たちにはオーケストラがあるんだ。〔ギターのようなものを弾くまねをする〕）

釈　マイケルに音楽を流している神様はいますか。例えば、ゼウス様（注5）とか。

Apollo.
（アポロンだよ。）

釈　アポロン！

Yes, Apollo, Apollo, Apollo.
（うん、アポロン、アポロン、アポロン。）

釈　アポロンの音楽を、マイケルはどう感じているのでしょうか。

Ah, Apollo, sacred Apollo. I'm a backup dancer for Apollo.
Hahahahaha! Hahahahah! Ah, yeah.
（ああ、アポロン、聖アポロン。僕はアポロンのバックダンサーさ。
ハッハハハハー！　ハッハッハッハー！　ああ、そうさ。）

釈　そうですか。

(注1) ヘルメス　4300年前のギリシャに実在した王。国王として国を治めるとともに、宗教家として「愛」と「発展」の教えを説き、全ギリシャに繁栄をもたらし、西洋文明の源流となった。エル・カンターレの分身の一人。

(注2) アポロン　3500年ほど前のギリシャに、ゼウスの息子として生まれた実在の人物。ギリシャ神話では、芸術の神として知られる。

(注3) バッカス　ギリシャ神話ではディオニュソスとも呼ばれる。

(注4) ダイアナ　ローマ神話に登場する、狩りの女神。ギリシャ神話のアルテミスと同一視されることもある。

(注5) ゼウス　ギリシャ神話の主宰神で、全知全能の神とされている。3500年ほど前のギリシャを治めた実在の人物。

We have an orchestra.

12

未来の音楽はどうなる？

About music in the future

釈　これから地球は宇宙時代になって、どんどん進化していくわけですが、未来の音楽の方向をぜひ教えてください。

Yeah! You're a genius. You're a genius. You're a genius. Good point. Good point. Good point. This is the first good point of today. This is the only good question. Sorry!

（ああ！〔拍手をして釈を指す〕君は天才だ。天才。天才だよ。いい質問だ！　いいね、いいね。〔拍手〕今日初めての、いいポイントだ。唯一のいい質問だね。《会場笑》〔他の質問者に向かって手を挙げて〕ごめんね！）

There comes a **universal age!** But people cannot have conversations with universal people, so music is very important. Music combines the hearts of universal people and earthly people.

Music is very important. They can understand and appreciate music. I think so. I hope so.

（これから宇宙時代が来る！　でも、人々は、宇宙人と会

話ができないよね。だから、音楽がとても重要なんだ。
音楽が、宇宙人と地球人の心を結びつけるんだ。
音楽がとても大事だ。宇宙人は、音楽を理解し、味わうことができると思うんだ。そう思うし、そう願うね。）

釈　今、エル・カンターレが地上に降りています。これからエル・カンターレ文明を担う音楽家たちは、地上にいっぱい生まれているのでしょうか。

Yeah, yeah, maybe a lot of.
（ああ、ああ。たくさんいるだろうね。）

釈　A lot of ?
（たくさん？）

A lot of artists-to-be or genius artists-to-be.
（アーティスト候補や天才アーティスト候補がたくさんいるかもしれないよ。）

釈　今、生まれ変わっている偉人はいるのでしょうか。例えば、バッハとか。

Uh-huh?
（ん？）

釈　バッハ、モーツァルト、ショパンといった方々です。

Ah... Uh-huh?
（えっと……〔通訳に対して〕んん？）

訳　Are Bach and Mozart here, have they been reborn?
（バッハやモーツァルトはここにいますか、生まれ変わっていますか。）

Umm... hmm. Mozart, Mozart, uh huh. Maybe Mozart will appear soon. Yeah, yeah. He is in the same age.

（うーん、えーと、モーツァルト、モーツァルト、うーん。そうかもね。もうすぐ現れるかもしれないね、うんうん。モーツァルトは同じ時代にいるよ。）

釈　あなたは指導する予定ですか。

No, no, no, he is greater than me, my status, so he, himself will appear as a god of music.
（いやいや違うよ、彼は、僕よりも偉大だ。だから、彼自身が音楽の神として現れてくるだろうね。）

釈　これから音楽を共通言語にして、宇宙の人たちと会話や交流をしていく時代が来るということですね。

Yeah!
(そう！)

釈　その宇宙の音楽というのは、どんな特徴があるのでしょうか。

(Laughs) I must be reborn to answer your question.
(〔笑〕君の質問に答えるためには、僕は生まれ変わらないといけないよ。)

釈　それは音楽だけでなく、ダンスなども……。

Firstly, you need Moonwalk. Next, "Marswalk." Or "Saturnwalk." (Laughs)
(まず、あなたはムーンウォークをしなければいけない。次は、"マーズ〔火星〕ウォーク"だ。あるいは、"サターン〔土星〕ウォーク"だ。〔笑〕《会場笑》)

釈　（笑）マイケルは、生まれ変わっても、新しい音楽をつくり出して、さまざまな人と交流すると思うのですが、ほかの星に行って、いろいろな星の音楽を聴いてみた

いと思いますか。ほかの星の音楽に興味はありますか。

Maybe, within several thousand years.

（〔腕を組んで椅子を回しながら〕たぶん、数千年以内かな。）

釈　数千年後ですか。

Umm. Yeah.

（そうだね。）

釈　それまでの間は？

My next life? I'm just designing. Maybe your husband.(Laughs)

（僕の次の人生？　まだデザイン中さ。
君の夫かもしれないよ。〔爆笑〕）

釈　Thank you.（大爆笑）

13

心を宇宙に解き放て！

Be Free!

釈　マイケルは、ネバーランド（注1）をつくられましたが、マイケルの考えるユートピアは、どんな世界でしょうか。

Umm... like Disneyland, dreamful world.
I am too old to dream a dream, so I must leave this world.
（うーん。ディズニーランドみたいな、夢でいっぱいの国だね。
僕は、夢を見るには年を取りすぎたので、この世を去らないといけなかったんだ。）

釈　……。

When you cannot dream a dream, you're already an old person. I don't say "old lady." (Laughs)
（夢を描けなくなったとき、君はもう年老いたということなんだ。"老婦人"とは言ってないよ。〔笑〕）

釈　私たちも夢を持ち続けていけるよう頑張ります。
けれども、現代は人間の寿命がとても長い時代です。音楽の世界も、どんどん進化していかなければいけないと思います。

Non, non, non.

(〔椅子でゆっくり1回転する〕いーや、いやいや。)

釈　もし生きていれば、マイケルの音楽も変わっていったと思いますし、もっと長生きすることもできたのではないでしょうか。

M　Ah, no, no, I hate old man.
（あーいやいや。年を取った人は嫌なんだ。）

釈　ああ……。

M　I want to be young. I worked too much, too long. For too long.
（僕は若くいたい。僕は、たくさん、長く働きすぎたよ。長すぎた。）

釈　マイケルの「Man in the Mirror(マン イン ザ ミラー)」という曲がとても大好きなんです。

M　Please sing. I'll appreciate you. Hm, hm, hmm ♪
（〔釈を指して〕歌ってよ。そうしたら、うれしいな。フフンフフフフーン♪〔突然、雰囲気(ふんいき)を変えて踊(おど)り出す〕《会場笑》）

釈　その曲のなかで、「この世の中を変えていくのは、一人ひとりで、まず鏡のなかの自分から変えていこう」ということが……。

M　**Oh, sing in English!**
（英語で歌って！）

釈　Sorry, sorry.
（すみません、すみません。）

M　**You can't?**
（歌えないの？）
〔マイケル、釈に耳を傾ける〕

釈　I can't, sorry.
（歌えません、すみません。）

M　**Oh, then, you don't have the right to ask me that question.**
（ああ、歌わないなら、その質問をする権利はないよね。《会場笑》）

釈　（会場に向かって）Can somebody sing? 誰か歌える人はいないですか。〔マイケル、釈をじーっと見つめる〕みんな無理？　Sorry. では、質問を変えます。《会場笑》

🎩　OK.

　　　（ああ。）

　釈　これから地上でいろいろな音楽をつくる若い人たちにメッセージを送るとしたら、どんなメッセージでしょうか。世の中をよくするための音楽をつくるには、どうすればいいのでしょうか。
　　　〔マイケル、目を閉じて、うなずきながら聴く〕
　　　先ほど、おっしゃったように、「マイケル、ラブ！」「マイケル、ラブ！」と思えばよいのだと思いますが、そのほかにも、心の教えが必要なのではないでしょうか。

　🎩　## Be free!

　　　（自由になれ！）

　🎩　Be free. You have a lot of bondages within human beings, so please release your mind to the universe and be free. Freedom is akin to the universal mind.

　　　（自由になるんだ。君たち人間にはたくさんしがらみがあるから、心を宇宙に解き放って、自由になるんだ！自由は宇宙の心と同じものだよ。）

釈　マイケル、素晴らしいです。本当に素晴らしい……。

Ah, you are my next wife. So, I belong to you. (Laughs)

（君は、僕の次の奥さんだ。僕は君のものだよ。〔笑〕《会場笑》）

釈　「マイケルがいなかったら、（黒人の）オバマ大統領は誕生しなかった」と言う人もいます。

Oh, oh? Obama? Obama-san?

（え、オバマ？　オバマさん？）

訳　Yes, you know President Obama.
（はい、オバマ大統領です。）

Ah-ha. No, no, no. He's a great man. I'm not great. I'm just a funny man.

（ハハハ。違う違う。彼は立派な人だ。僕は偉(えら)くない。僕はただのおもしろい男なんだ。）

釈　マイケルの言葉は、いつも謙虚(けんきょ)ですよね。

Thank you.

（ありがとう。）

釈　なぜそんなに謙虚でいられるのでしょうか。

M　Because I started my life from the bottom of the world. I made too much success. I need humility.

（僕は世界の底辺から人生を始めたからさ。成功しすぎたよ。謙虚さが必要なんだよ。）

（注1）ネバーランド　アメリカ・カリフォルニア州にマイケルがつくった自宅のこと。遊園地と動物園が併設されている。物語「ピーター・パン」に出てくる「大人にならない島（ネバーランド）」から名づけられた。

Be free!

14

これから別の"マイケル"が出てくるかも

Will another "Michael" appear?

釈　今、エル・カンターレという至高神（しこうしん）が降臨（こうりん）しているのはご存じですか。マイケルにとって、地球の神はどういう存在でしょうか。

🎩 Oh, ho! I don't know, but I can read your mind. In your mind, there is a mirror. It's a mirror. You are thinking about El Cantare.

（おお！　知らないけど、君の心は読めるよ。君の心のなかに鏡がある。鏡だ。君はエル・カンターレのことを思っているね。）

🎩 I can see that mirror. So, El Cantare is within you. And I can see his splendid works and life.
But I don't know exactly who and what El Cantare is.

（僕は、その鏡を見ることができる。つまり、君のなかに、エル・カンターレがいるんだ。だから、僕は、エル・カンターレの素晴らしい仕事や人生が視（み）える。
でも、「エル・カンターレが誰なのか、何なのか」ということは、はっきりとは分からないな。）

the mirror

🎩 But I believe you. So, if you believe in El Cantare, I'll believe in him.

（ただ、僕は君を信じる。君がエル・カンターレを信じているなら、僕も彼を信じるよ。）

釈　エル・カンターレは、この世界を一つにする地球神で、宇宙の根本仏です。マイケルの音楽で、エル・カンターレのお手伝いをしていただくことはできますか。

But he cannot do the Moonwalk or sing like me. So, a little difficult…
（でも、彼は、僕のようにムーンウォークをしたり、歌ったりはできないよね。だから、ちょっと難しい……。）

釈　エル・カンターレの魂(たましい)のなかには、ヘルメスという音楽の神もいます。

Maybe there is some other person.
（ほかに適任がいるかもしれないよ。）

釈　ぜひ、地上にいる私たちが、音楽によって一つになれるよう、見守ってほしいのです。

You can. You will find another "Michael" within you. I hope so.

（できるさ。君たちのなかから、別の"マイケル"が出てくるよ。そう願っている。）

釈　ありがとうございます。

M　**I love you and I love you all!**
（〔釈に向かって〕僕は君を愛してる。〔会場に向かって〕みんなを愛してるよ‼）

釈　Thank you. ありがとうございました！

I love you all!

Believe.

『マイケル・イズ・ヒア!』大川隆法著作関連書籍

『エクソシスト入門』(幸福の科学出版刊)

マイケル・イズ・ヒア！

―― マイケル・ジャクソン 天国からのメッセージ ――

2014年　8月29日　初版第1刷

著　者　　大川隆法

発行所　　幸福の科学出版株式会社
　〒107-0052　東京都港区赤坂2丁目10番14号
　　　　　　 TEL(03)5573-7700
　　　　　　 http://www.irhpress.co.jp/

印刷・製本　　株式会社 堀内印刷所

落丁・乱丁本はおとりかえいたします
©Ryuho Okawa 2014. Printed in Japan. 検印省略
ISBN978-4-86395-481-6 C0076

写真：Ed Sirrs/Camera Press/アフロ、ⓒ laxmi-Fotolia.com、
ⓒ tmass-Fotolia.com、ⓒ J BOY-Fotolia.com、ⓒ abacus-Fotolia.com

幸福の科学グループ紹介

Welcome to Happy Science!

「一人ひとりを幸福にし、世界を明るく照らしたい」――。その理想を目指し、幸福の科学グループは宗教の垣根を超えて、幅広い分野で活動を続けています。

宗教法人 幸福の科学

- 支部活動【map.happy-science.jp（お近くの幸福の科学）】
- 精舎（研修施設）【shoja-irh.jp】
- 学生局、青年局
- 百歳まで生きる会
- シニア・プラン21（生涯現役人生の実現）【03-6384-0778】
- 幸福結婚相談所【03-3586-0778】
- 幸福の科学の葬儀・霊園
  - 来世幸福園【raise-nasu.kofuku-no-kagaku.or.jp】
  - 来世幸福セレモニー株式会社【raise-kofuku.jp】
- ヘレンの会（障害者の活動支援）【helen-hs.net】
- 自殺防止活動【withyou-hs.net】
- 支援活動
  - 一般財団法人「いじめから子供を守ろうネットワーク」【03-5719-2170】
  - 犯罪更生者支援【shasn.net】
- 海外活動【happy-science.org（英語版）】
  【hans.happy-science.org（中国語簡体字版）】

教育事業

- 幸福の科学学園事業
  - 学校法人 幸福の科学学園
    - 中学校・高等学校 那須本校【happy-science.ac.jp】
    - 中学校・高等学校 関西校【kansai.happy-science.ac.jp】
    - 大学設立準備室【university.happy-science.jp】
- 宗教教育事業
  - 仏法真理塾「サクセスNo.1」（信仰教育と学業修行）【03-5750-0747】
  - エンゼルプランV（未就学児信仰教育）【03-5750-0757】
  - ネバー・マインド（不登校児支援）【hs-nevermind.org】
    - ユー・アー・エンゼル！運動（障害児支援）【you-are-angel.org】

政治活動	幸福実現党【hr-party.jp】
	― <機関紙>「幸福実現NEWS」
	― <出版> 書籍・DVDなどの発刊
	HS政経塾【hs-seikei.happy-science.jp】

出版 メディア 関連事業	幸福の科学の機関誌
	幸福の科学出版株式会社【irhpress.co.jp】
	― 書籍・CD・DVD・BDなどの発刊
	― <オピニオン誌>「ザ・リバティ」【the-liberty.com】
	― <女性誌>「アー・ユー・ハッピー?」【are-you-happy.com】
	― <書店> 株式会社ブックスフューチャー【booksfuture.com】
	― <広告代理店> 株式会社メディア・フューチャー
	メディア事業
	― <ラジオ>「天使のモーニングコール」【tenshi-call.com】
	スター養成スクール（芸能人材の育成）【03-5793-1773】

入会のご案内

HOW TO JOIN US AS A HAPPY SCIENCE MEMBER?

幸福の科学では、大川隆法総裁が説く仏法真理をもとに、「どうすれば幸福になれるのか、また、他の人を幸福にできるのか」を学び、実践しています。

（入会）仏法真理を学んでみたい方へ

大川隆法総裁の教えを信じ、学ぼうとする方なら、どなたでも入会できます。入会された方には、『入会版「正心法語」』が授与されます。
（入会の奉納は1,000円目安です）

（三帰誓願 さんきせいがん）信仰をさらに深めたい方へ

仏弟子としてさらに信仰を深めたい方は、仏・法・僧の三宝への帰依を誓う「三帰誓願式」を受けることができます。三帰誓願者には、『仏説・正心法語』『祈願文①』『祈願文②』『エル・カンターレへの祈り』が授与されます。

INFORMATION
幸福の科学サービスセンター
TEL **03-5793-1727** 受付時間／火～金:10～20時　土・日:10～18時
宗教法人 幸福の科学 公式サイト **happy-science.jp**

大川隆法ベストセラーズ
人の心を惹きつける秘密

魅せる技術
魅せるオンナ、
菅野のヒミツ。

女優・菅野美穂
守護霊メッセージ
¥1,400

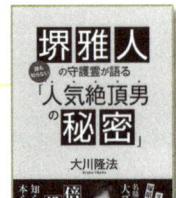

「人気絶頂男の秘密」
倍返し俳優の
知られざる本心。

堺雅人の守護霊が語る
誰も知らない
「人気絶頂男の秘密」
¥1,400

「俺が時代を創る理由」
"俺の霊言
マジで出すの？"

俳優・木村拓哉の
守護霊トーク
「俺が時代を創る理由」
¥1,400

人間力の鍛え方
隠れた
努力と忍耐で
実力派俳優へ。

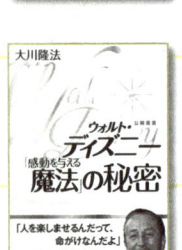

俳優・岡田准一の
守護霊インタビュー
¥1,400

「感動を与える魔法」の秘密
愛と魔法の国の
つくり方

ウォルト・ディズニー
「感動を与える魔法」の秘密
¥1,500

AKB48 ヒットの秘密
秋元流
プロデュースの極意

マーケティングの天才・
秋元康に学ぶ
¥1,400

幸福の科学出版　※表示価格は本体価格（税別）